AF175172

Impressum
Verlag: BABADADA GmbH, Nedderfeld 112 , 22529 Hamburg
Geschäftsführer / Verlagsleitung: Harald Hof
Druck: Books on Demand GmbH, In de Tarpen 42, 22848 Norderstedt

Imprint
Publisher: BABADADA GmbH, Nedderfeld 112 , 22529 Hamburg, Germany
Managing Director / Publishing direction: Harald Hof
Print: Books on Demand GmbH, In de Tarpen 42, 22848 Norderstedt

المدرسة
學校

القسم
教室
يقسم
除
186/2
اللوح
黑板
المعلم
老師
ورقة
紙
يكتب
書寫
القلم
筆
طاولة المكتب
辦公桌
المسطرة
直尺
الكتاب
書
التلميذ
學生

الحقيبة المدرسية
書包

المقلمة
鉛筆盒

قلم الرصاص
鉛筆

البرّاية
削鉛筆機

المِمحاة
橡皮擦

دفتر الرسم
畫板

الرسمة

圖畫

الفرشاة

畫筆

علبة التلوين

顏料盒

المقص

剪刀

المادة اللاصقة

膠水

دفتر التمارين

練習冊

الواجب المدرسي

家庭作業

12

الرقم

數字

2+2

يجمع

加

5-2

يطرح

減

2×2

يضرب

乘

يحسب

計算

A

الحرف

字母

ABCDEFG
HIJKLMN
OPQRSTU
VWXYZ

الأبجدية

字母表

hello

كلمة

字

النص
課文

يقرأ
讀

الطبشور
粉筆

الحصة
上課

دفتر الدوام المدرسي
登記

الامتحان
考試

شهادة
證書

اللباس المدرسي
校服

التعليم
教育

الموسوعة
百科全書

الجامعة
大學

المِجهر
顯微鏡

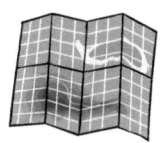

الخريطة
地圖

قماما
廢紙簍

فندق
飯店
بيت الشباب
مكتب صرافة
外幣兌換處
حقيبة
手提箱
سيارة
汽車

اللغة

語言

نعم / لا

是/否

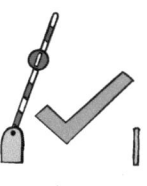

حسناً

好的

مرحباً

您好

مترجم

翻譯人員

شكراً

謝謝

كم ثمن ... ؟

......多少錢？

لا أفهم

我不明白

مشكلة

問題

مساء الخير

晚上好！

صباح الخير!

早上好！

ليلة سعيدة

晚安！

إلى اللقاء

再見

اتجاه

方向

أمتعة السفر

行李

حقيبة

包

حقيبة ظهر

背包

ضيف

客人

غرفة

房間

كيس للنوم

睡袋

خيمة

帳篷

استعلامات سياحية

旅行資訊

شاطئ

海灘

بطاقة ائتمان

信用卡

إفطار

早餐

طعام الغداء

午餐

العشاء

晚餐

بطاقة سفر

票

مصعد

電梯

طابع بريدي

郵票

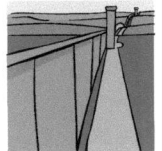

حدود

邊界

الجمارك

海關

سفارة

大使館

تأشيرة

簽證

جواز سفر

護照

نقل

交通運送

طائرة
飛機
سفينة
船
سيارة إطفاء
消防車
حافلة
公車
سيارة شاحنة
卡車
زورق آلي
汽艇
درّاجة
腳踏車
سيارة
汽車

عبارة

渡輪

قارب

小船

دراجة نارية

機車

سيارة شرطة

警車

سيارة سباق

賽車

سيارة مستأجرة

租車

أسلوب تشاركي في استئجار السيارات

拼車

سيارة للجر

拖車

سيارة نقل القمامة

垃圾車

محرك

馬達

وقود

汽油

محطة وقود

加油站

إشارة مرور

交通標識

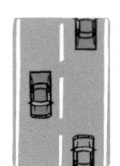

حركة السير

交通

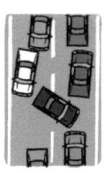

ازدحام سير

交通堵塞

موقف سيارات

停車場

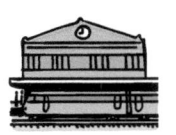

محطة قطار

火車站

سكك حديدية

軌道

قطار

火車

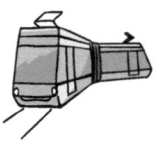

ترام

路面電車

عربة قطار

客車廂

طائرة مروحية

直升機

مطار

機場

برج

塔

مسافر

乘客

حاوية

集裝箱

علبة كرتون

紙板箱

عربة يد

手推車

سلّة

籃子

يقلع / يهبط

起飛/降落

مدينة

城市

قرية

村莊

مركز المدينة

市中心

بيت

房子

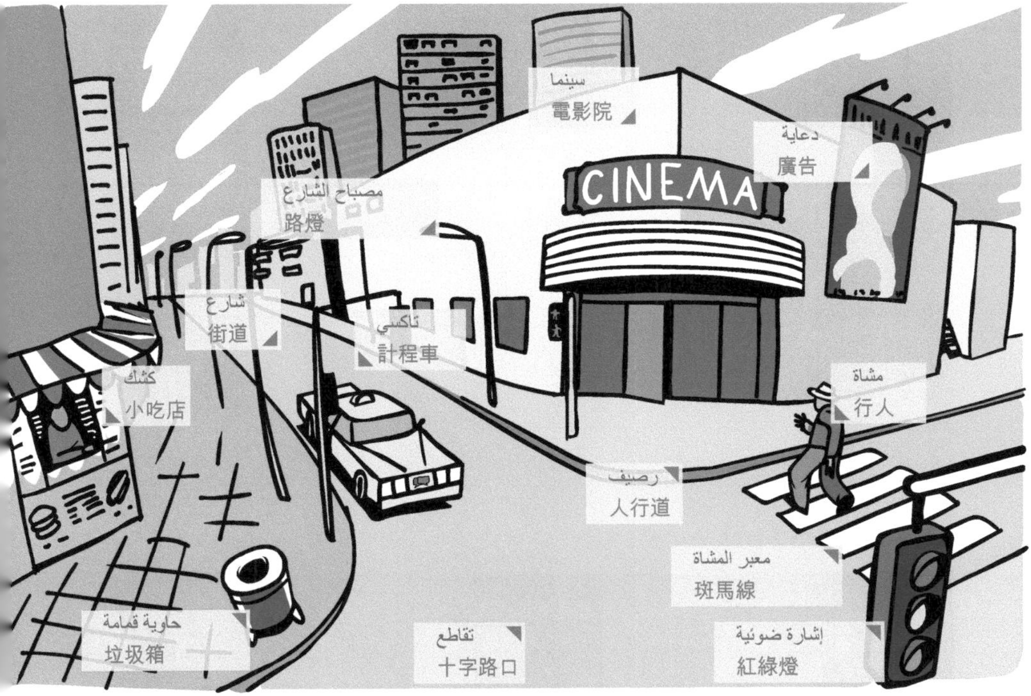

سينما
電影院
CINEMA
دعاية
廣告
مصباح الشارع
路燈
شارع
街道
تاكسي
計程車
كشك
小吃店
مشاة
行人
رصيف
人行道
معبر المشاة
斑馬線
حاوية قمامة
垃圾箱
تقاطع
十字路口
إشارة ضوئية
紅綠燈

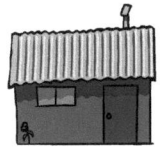

كوخ

小屋

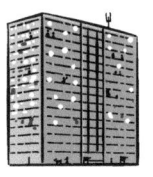

شقة

公寓

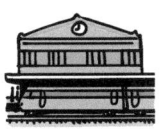

محطة قطار

火車站

دار البلدية

市政廳

MUSEUM

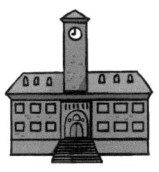

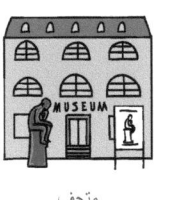

متحف

博物館

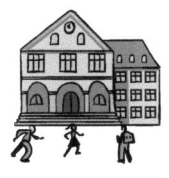

المدرسة

學校

الجامعة

大學

مصرف

銀行

المستشفى

醫院

فندق

飯店

صيدلية

藥房

مكتب

辦公室

مكتبة

書店

متجر

商店

محل لبيع الزهور

花店

سوبرماركت

超市

سوق

市場

متجر كبير

百貨商店

تاجر السمك

魚店

مركز تسوّق

購物中心

ميناء

海港

حديقة عامة

公園

مقعد

長凳

جسر

橋

درج، سلم

樓梯

مترو

捷運

نفق

隧道

موقف حافلات

公車站

بار

酒吧

مطعم

餐館

صندوق البريد

郵筒

لافتة باسم الشارع

路標

مقياس زمن الوقوف

停車計時器

حديقة حيوانات

動物園

مسبح

游泳池

مسجد

清真寺

مزرعة

農場

تلوث البيئة

污染

مقبرة

墓地

كنيسة

教堂

ملعب الأطفال

操場

معبد

寺廟

طبيعة ريفية

地形

ورقة
樹葉
علامة إرشاد
指示牌
طريق
路
مرج
حجر
石頭
رحالة
徒步旅行者
شجرة
樹
نهر
河
عشب
草
زهرة
花

وادٍ

峽谷

جبل

丘陵

بحيرة

湖

غابة

森林

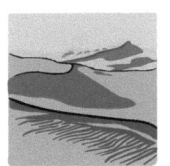

صحراء

沙漠

بركان

火山

قلعة

城堡

قوس قزح

彩虹

فِطر

蘑菇

نخلة

棕櫚樹

بعوض

蚊子

ذبّانة

蒼蠅

نملة

螞蟻

نحلة

蜜蜂

عنكبوت

蜘蛛

خنفساء

甲蟲

ضفدعة

青蛙

سنجاب

松鼠

قنفذ

刺蝟

أرنب

野兔

بومة

貓頭鷹

عصفور

鳥

بجعة

天鵝

خنزير برّي

野豬

غزال

鹿

إلكة

麋鹿

سد

水壩

دولاب الطاحونة الهوائية

風力發電機

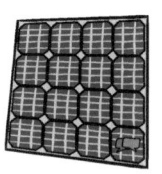

خلية شمسية

太陽能電池板

مناخ

氣候

مطعم
餐館

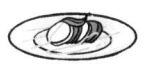

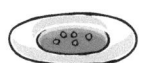

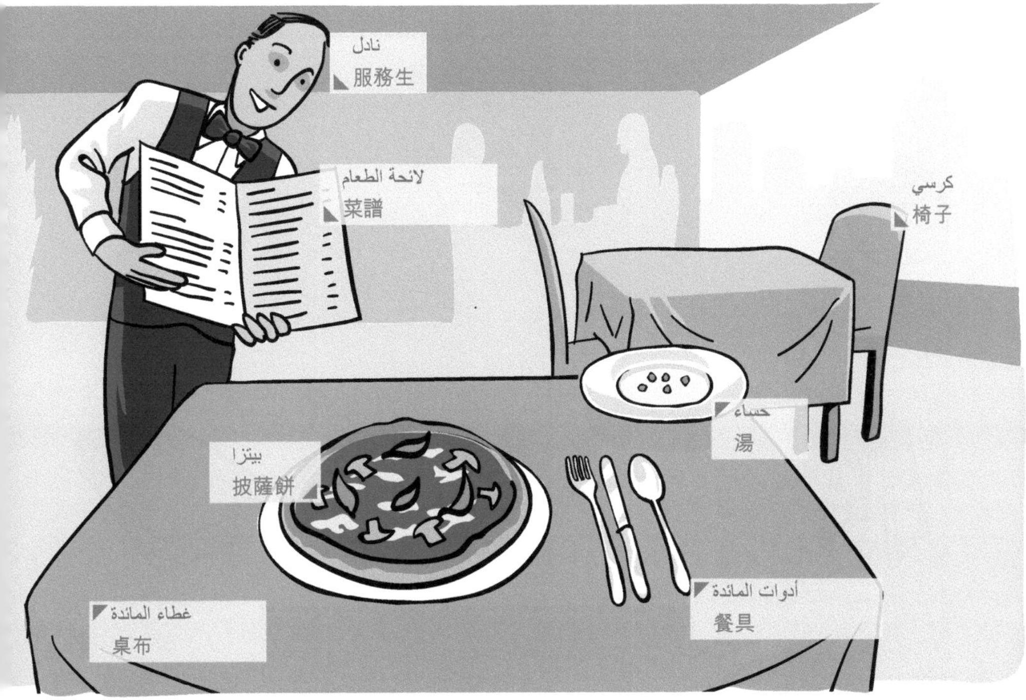
نادل
服務生
لائحة الطعام
菜譜
كرسي
椅子
حساء
湯
بيتزا
披薩餅
أدوات المائدة
餐具
غطاء المائدة
桌布

مقبلات

前菜

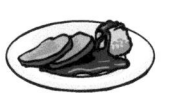

الصحن الرئيسي

主菜

حلوى أو فاكهة بعد الطعام

甜點

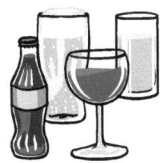

مشروبات

飲料

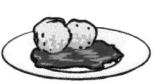

طعام

食物

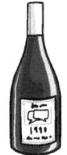

زجاجة

瓶子

وجبات سريعة

速食

طعام الشارع

街邊小吃

إبريق الشاي

茶壺

علبة السكر

糖盒

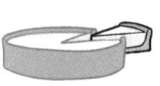

حصّة

一份飯菜

آلة الإسبريسو

義式咖啡機

كرسي عالٍ

高腳椅

فاتورة

帳單

صينية

托盤

سكين

刀

شوكة

餐叉

ملعقة

勺子

ملعقة الشاي

茶匙

منديل المائدة

餐巾

كأس

玻璃杯

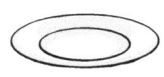

صحن
....
碟子

صحن الحساء
....
湯盤

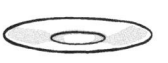

صحن الفنجان
....
碟子

صلصة
....
醬

مملحة
....
鹽瓶

مطحنة الفلفل
....
胡椒研磨罐

خلّ
....
醋

زيت الطعام
....
食用油

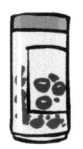

توابل
....
調味料

كتشاب
....
番茄醬

خردل
....
芥末

مايونيز
....
美乃滋

سوبرماركت

超市

عرض خاص
特價
زبون
顧客
مشتقات الحليب
乳製品
عربة تسوّق
購物車
فواكه
水果
FOR

جزّار

肉鋪

مخبز

麵包店

يزن

稱重

خضار

蔬菜

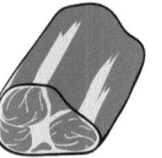

لحم

肉

المأكولات المجمّدة

冷凍食品

مرتدلا أو جبن

冷盤

معلبات

罐頭食品

مسحوق الغسيل

洗衣粉

حلويات

甜食

المواد المنزلية

日用品

منظفات

清潔用品

بائعة

銷售員

صندوق الحساب

收銀機

أمين صندوق

收銀員

قائمة المشتريات

購物清單

أوقات العمل

開放時間

محفظة النقود

錢包

بطاقة ائتمان

信用卡

حقيبة

袋子

كيس بلاستيكي

塑膠袋

مشروبات
飲料

ماء

水

عصير

果汁

حليب

牛奶

كولا

可樂

نبيذ

紅酒

بيرة

啤酒

كحول

酒

كاكاو

可可

شاي

茶

قهوة

咖啡

قهوة إسبريسو

義式濃縮咖啡

كابوتشينو

卡布奇諾

موزة

香蕉

تفاح

蘋果

برتقال

柳丁

بطيخ

西瓜

ليمون

檸檬

جزرة

胡蘿蔔

ثوم

大蒜

خيزران

竹子

بصل

洋蔥

فِطر

蘑菇

لوزيات

堅果

شعيرية

麵條

سباغيتي

義大利麵

أرزّ

米飯

سلطة

沙拉

بطاطا مقلية

薯條

بطاطا مقلية

炸馬鈴薯

بيتزا

披薩餅

هامبورغر

漢堡

ساندويش

三明治

شريحة لحم مقلية

炸豬排

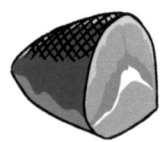

لحم خنزير

火腿

سلامي

義大利臘腸

سجق

香腸

دجاج

雞肉

لحم محمر

烤肉

سمك

魚

24

طعام - 食物

دقيق الشوفان

燕麥片

موسلي

木斯里

كورن فلكس

玉米片

طحين

麵粉

كرواسان

牛角麵包

خبز صغير

麵包捲

خبز

麵包

خبز محمص

吐司

بسكويت

餅乾

زبدة

奶油

لبن زبادي

凝乳

كعكة

蛋糕

بيضة

蛋

بيض مقلي

煎蛋

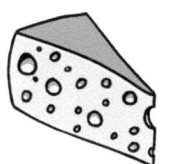

جبنة

起司

مثلجات

冰淇淋

سكر

糖

عسل

蜂蜜

مربّى الفاكهة

果醬

كريم النوغا

巧克力醬

الكاري

咖哩

مزرعة

農場

مخزن غلال
糧倉
رزمة من التبن
稻草捆
حقل
田野
حصان
馬
مقطورة
拖車
جرار
拖拉機
مهر
馬駒
حمار
驢
خروف
羊
خروف
羔羊

ماعز

山羊

بقرة

奶牛

عجل

小牛

خنزير

豬

خنزير صغير

小豬

ثور

公牛

إوزّة

鵝

بطة

鴨

صوص

小雞

دجاجة

母雞

ديك

公雞

جرذ

鼠

قطة

貓

فأر

老鼠

ثور

牛

كلب

狗

كوخ الكلب

狗屋

خرطوم الحديقة

花園澆水軟管

إبريق

澆水壺

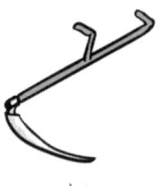

منجل

長柄大鐮刀

المحراث

犁

منجل

鐮刀

معزقة

鋤頭

مذراة الزبل

長柄草耙

بلطة

斧頭

عربة يد

獨輪手推車

معلف

飼料槽

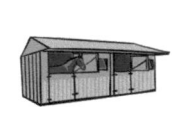

صفيحة الحليب

牛奶罐

كيس

麻布袋

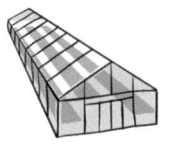

سياج

柵欄

اصطبل

馬廄

دفيئة

溫室

تربة

土壤

بذور

種子

سماد

肥料

حصّادة درّاسة

聯合收割機

يحصد

收割

محصول

收割

بطاطا يامس

地瓜

قمح

小麥

صويا

大豆

بطاطا

土豆

ذرة

玉米

سلجم

油菜籽

شجرة فاكهة

果樹

نبات منيهوت

樹薯

الحبوب

穀物

بيت
房子

مدخنة
煙囪
سقف
屋頂
مزراب
落水管
نافذة
窗戶
مرآب
車庫
جرس الباب
門鈴
باب
門
قماما
垃圾桶
صندوق البريد
信箱
حديقة
花園

غرفة جلوس

客廳

الحمّام

浴室

مطبخ

廚房

غرفة النوم

臥室

غرفة الأطفال

兒童房

غرفة الطعام

餐廳

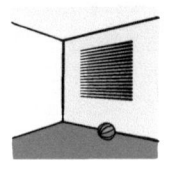

أرضية

地板

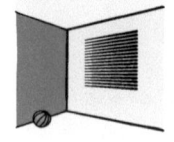

حائط

牆壁

سقف

天花板

قبو

地窖

ساونا

三溫暖

بلكون

陽臺

شرفة

露臺

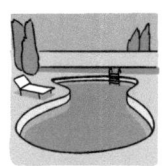

مسبح

游泳池

جزّازة العشب

割草機

بياضات السرير

被單

بطانية

床罩

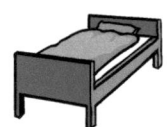

سرير

床

مكنسة

掃帚

سطل

水桶

مفتاح كهربائي

開關

غرفة جلوس

客廳

ورق جدران
壁紙
صورة
相片
مصباح كهربائي
檯燈
رف
擱架
خزانة
櫥櫃
تلفزيون
電視
موقد مفتوح
壁爐
زهرة
花
وسادة
墊子
كنبة
沙發
مزهرية
花瓶
تحكم عن بعد
遙控器

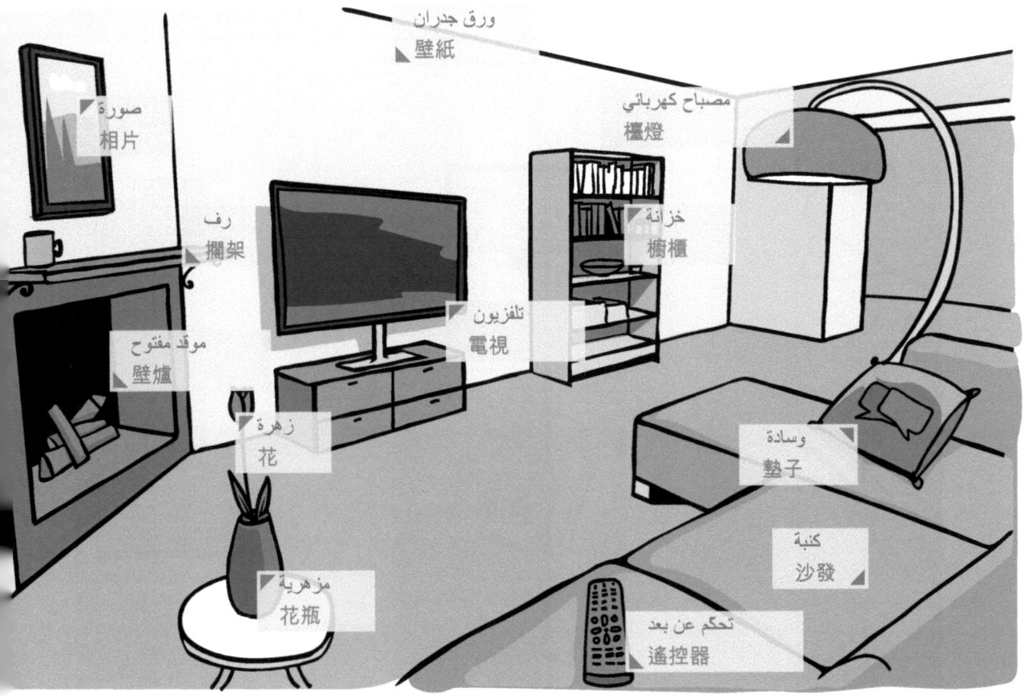

بصاط

地毯

ستارة

窗簾

طاولة

餐桌

كرسي

椅子

كرسي هزّاز

搖椅

كرسي ذو ذراعين

扶手椅

الكتاب

書

بطانية

毯子

زخرفة

裝飾品

الحطب

木柴

فيلم

電影

تجهيزات ستيريو

高傳真音響

مفتاح

鑰匙

جريدة

報紙

لوحة مرسومة

油畫

مُلصق

海報

راديو

收音機

دفتر ملاحظات

筆記本

المكنسة الكهربائية

吸塵器

صبّار

仙人掌

شمعة

蠟燭

مطبخ
廚房

برّاد
冰箱
ميكروويف
微波爐
ميزان المطبخ
محمصة الخبز
烤麵包機
منظفات
洗潔精
فرن
烤箱
ثلاجة
冰櫃
قماما
垃圾桶
جَلاية
洗碗機

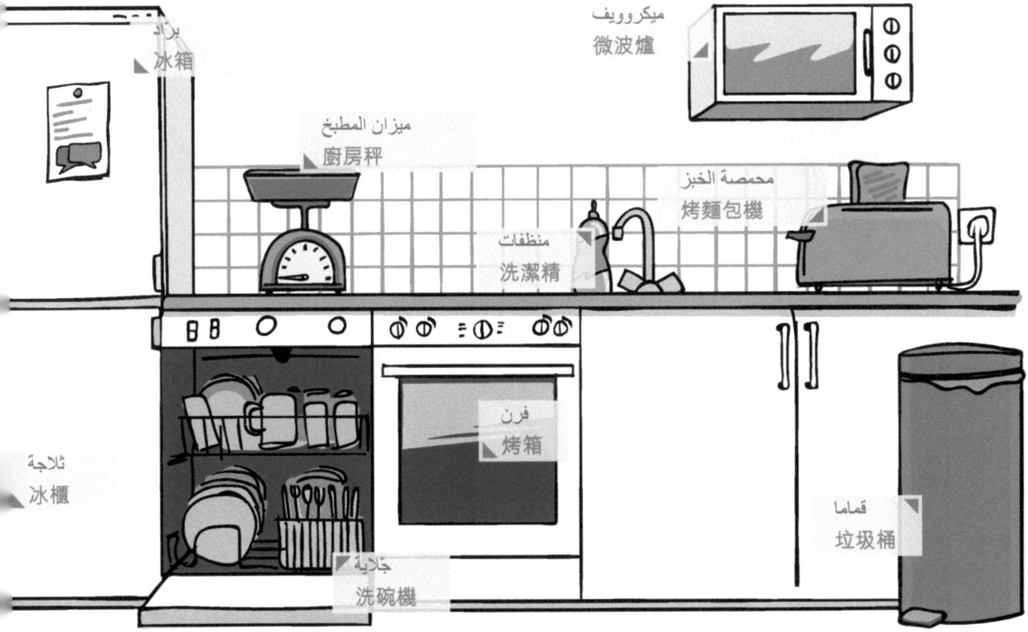

موقد
炊具

قِدر
鍋

وعاء من الحديد
鑄鐵鍋

قدر صيني
炒鍋

مقلاة
平底鍋

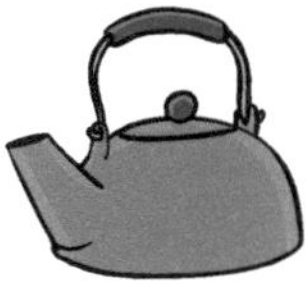

غلاية
水壺

قدر البخار

蒸鍋

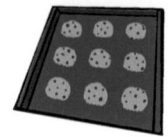

صينية

烤盤

أواني

陶瓷鍋

فنجان

馬克杯

صحن

碗

عيدان الأكل

筷子

مغرفة

長柄勺

ملعقة منبسطة

鏟子

خفاقة

攪拌器

مصفاة

濾網

مصفاة

篩子

مِبشرة

磨碎機

هاون

研缽

شواء

燒烤

موقد

明火

لوح التقطيع

菜板

نشّابة

擀麵杖

مفتاح الزجاجات

開瓶器

علبة

罐子

مفتاح العلب المعدنية

開罐器

قماش الفرن

隔熱手套

مجلى

水槽

فرشاة

刷子

إسفنج

海綿

خلاط

攪拌機

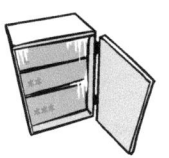

مجمّدة

冷藏箱

زجاجة الطفل

奶瓶

صنبور الماء

水龍頭

الحمّام

浴室

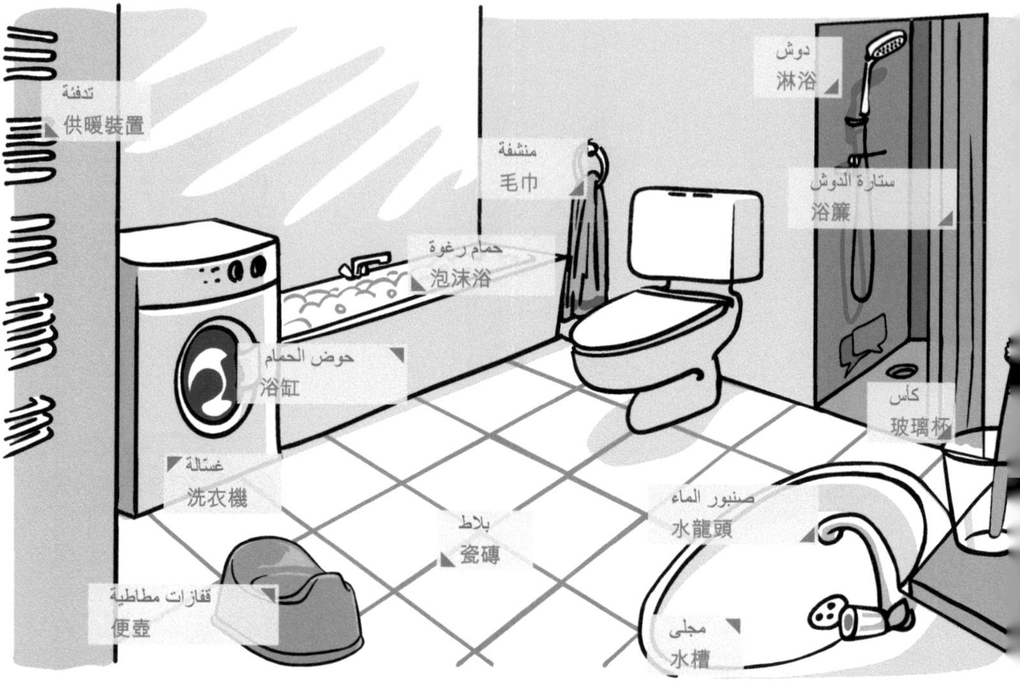

تدفئة
供暖裝置
دوش
淋浴
منشفة
毛巾
ستارة الدوش
浴簾
حمام رغوة
泡沫浴
حوض الحمام
浴缸
كأس
玻璃杯
غسّالة
洗衣機
صنبور الماء
水龍頭
بلاط
瓷磚
قفازات مطاطية
便壺
مجلى
水槽

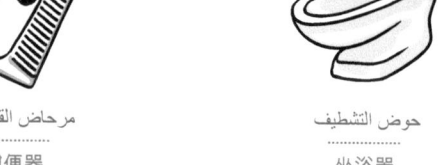

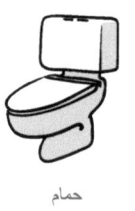

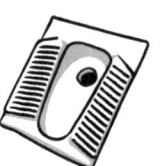

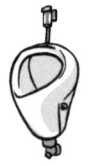

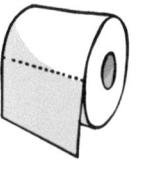

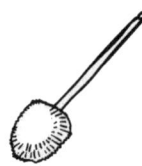

حمام

廁所

مرحاض القرفصاء

蹲便器

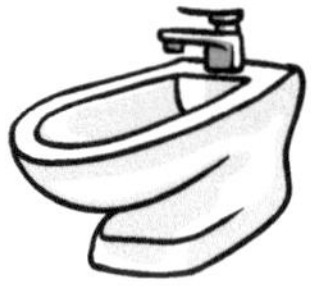

حوض التشطيف

坐浴器

مبولة

小便斗

ورق المرحاض

廁紙

فرشاة الحمام

馬桶刷

فرشاة الأسنان

牙刷

معجون الأسنان

牙膏

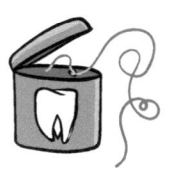

خيط حرير لتنظيف الأسنان

牙線

يغسل

洗

رشاش ماء يدوي

手持式蓮蓬頭

شطاف

沖洗器

حوض الغسيل

洗臉盆

فرشاة الظهر

洗背刷

صابون

肥皂

جيل الدوش

沐浴露

شامبو

洗髮乳

ممسحة

法蘭絨

مصرف للماء

排水

مرهم

乳霜

مزيل الروائح

除臭劑

الحمّام - 浴室　　　　39

مرآة

鏡子

مرآة يد

手鏡

موس حلاقة

刮鬍刀

رغوة الحلاقة

刮鬍泡沫

كولونيا

鬚後水

مشط

梳子

فرشاة

刷子

سشوار

吹風機

مثبت للشعر

噴髮定型劑

ماكياج

化妝品

روج

唇膏

طلاء أظافر

指甲油

قطن

化妝棉

مقص أظافر

指甲剪

عطر

香水

سلة الغسيل

洗漱包

مقعد صغير

凳子

ميزان

計重秤

معطف الحمام

浴袍

قفازات مطاطية

橡膠手套

سدادة قطنية

衛生棉條

منشفة صحية

衛生棉

تواليت كيميائية

化學廁所

غرفة الأطفال
兒童房

منبّه
鬧鐘
الحيوانات المحنطة
毛絨玩具
سيارة لعبة
玩具車
خشخشة
撥浪鼓
بيت الدمى
玩具屋
هدية
禮物

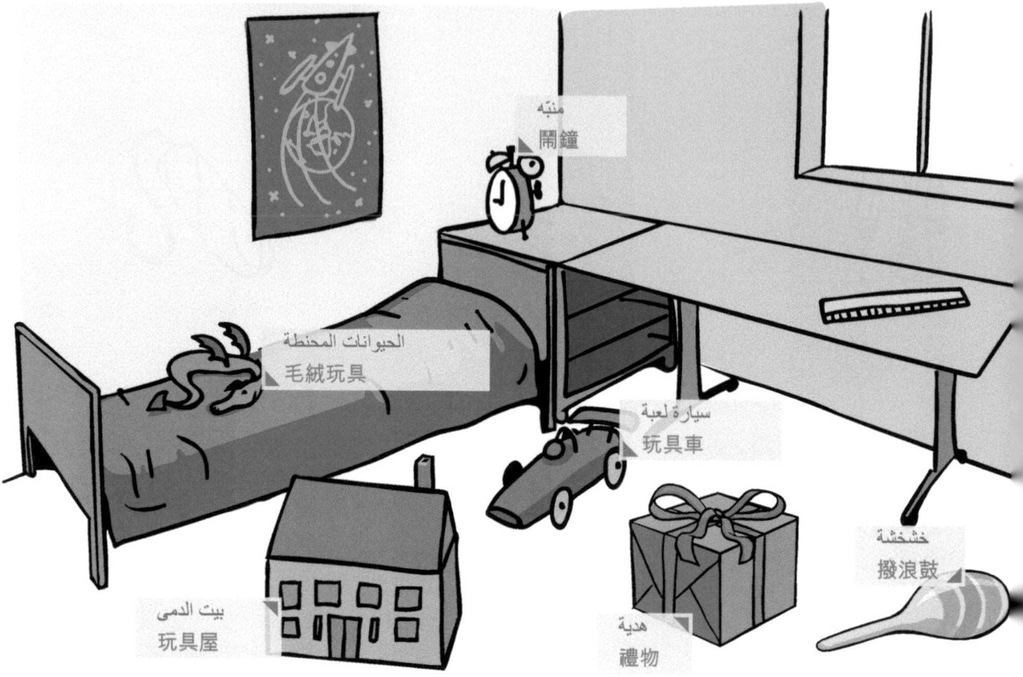

بالون
氣球

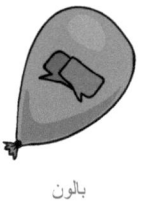

سرير
床

عربة الأطفال
嬰兒車

لعبة الورق
撲克牌

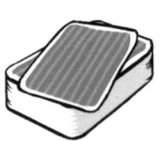

أحجية
拼圖

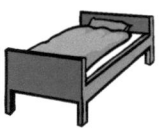

رسوم هزلية
漫畫

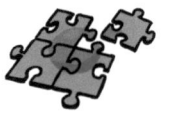

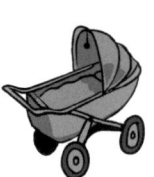

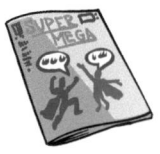

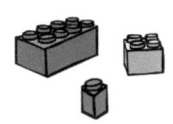

أحجار الليغو

樂高積木

حجارة تركيب

積木玩具

دمية بطل

公仔

لباس الطفل

嬰兒服

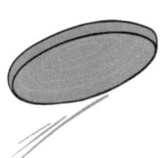

فريسبي

飛盤

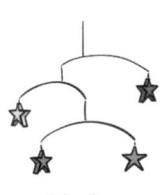

دمية معلّقة

床鈴玩具

لعبة الطاولة

棋盤遊戲

لعبة النرد

骰子

لعبة قطار

火車模型

مصّاصة

安撫奶嘴

حفلة

派對

كتاب مصوّر

繪本

كرة

球

دمية

洋娃娃

يلعب

玩

غرفة الأطفال - 兒童房　　　43

ملعب رملي للأطفال

沙坑

أرجوحة

鞦韆

لعبة

玩具

ألعاب فيديو

電玩遊戲

دراجة ثلاثية

三輪車

دمية على شكل الدب

泰迪熊

خزانة الثياب

衣櫃

ثياب

衣服

جوارب قصيرة

襪子

جوارب طويلة

長襪

جورب بنطلون

緊身褲

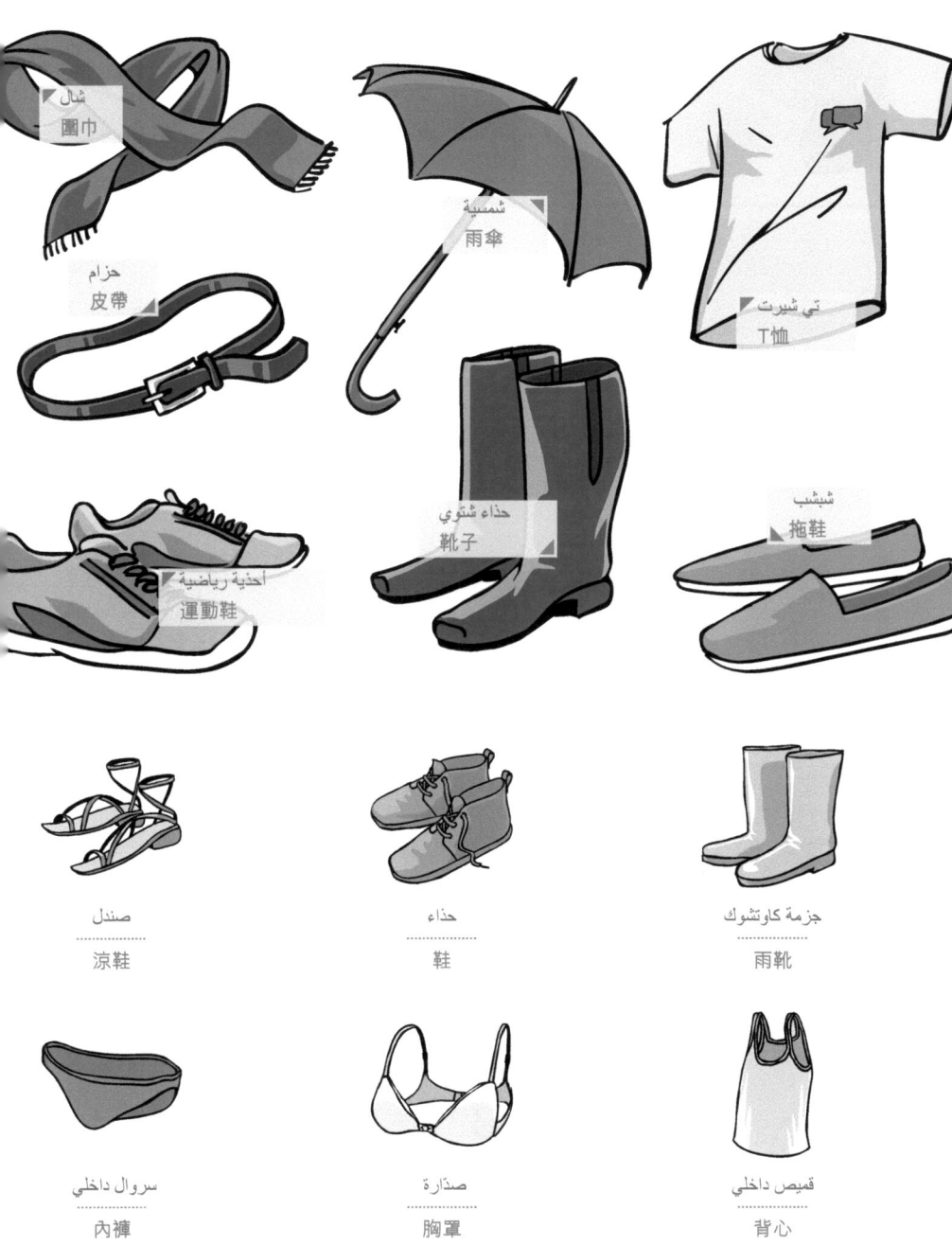

شال
圍巾
شمسية
雨傘
تي شيرت
T恤
حزام
皮帶
حذاء شتوي
靴子
شبشب
拖鞋
أحذية رياضية
運動鞋

صندل

涼鞋

حذاء

鞋

جزمة كاوتشوك

雨靴

سروال داخلي

內褲

صدّارة

胸罩

قميص داخلي

背心

لباس ملاصق للجسم

身體

بنطلون

褲子

جينز

牛仔褲

تنورة

短裙

بلوزة

女式襯衫

قميص

襯衫

سترة قطنية

套頭衫

كنزة كم طويل

連帽上衣

سترة فضفاضة

西裝夾克

سترة

夾克

معطف

外套

معطف مطري

雨衣

زي - طقم نسائي

套裝

ثوب

連衣裙

ثوب الزفاف

婚紗

ثياب - 衣服

طقم

西裝

قميص نوم

睡袍

بيجاما

睡衣

ساري

莎麗

حجاب

頭巾

عمامة

包頭巾

برقع

波卡

قفطان

卡夫坦

عباءة

(阿拉伯式)長袍

مايوه

泳衣

سروال سباحة

男式泳褲

شرت

短褲

بدلة رياضية

運動服

مئزر

圍裙

قفازات

手套

زر

鈕扣

نظّارة

眼鏡

إسوارة

手鏈

عقد

項鍊

خاتم

戒指

قرط

耳環

طاقيّة

便帽

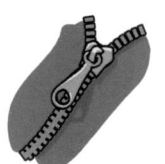

علاقة ثياب

衣架

قبّعة

帽子

ربطة العنق

領帶

سحّاب

拉鍊

خوذة

安全帽

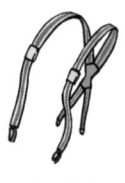

حمّالة البنطلون

背帶

اللباس المدرسي

校服

زي موحّد

制服

مريلة الأطفال

圍兜

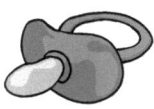

مصّاصة

安撫奶嘴

لفافة

尿布

مكتب

辦公室

المخدّم
伺服器
خزانة الملفات
檔案櫃
طابعة
印表機
ورقة
紙
شاشة
螢幕
فارة
滑鼠
طاولة المكتب
ملف
資料夾
لوحة المفاتيح
鍵盤
قماما
廢紙簍
حاسوب
電腦
كرسي
椅子

كأس من القهوة

咖啡杯

الآلة الحاسبة

計算機

الإنترنت

網際網路

الحاسوب المحمول

筆記型電腦

رسالة

信件

خبر

簡訊

الهاتف المحمول

行動電話

شبكة

網路

جهاز تصوير

影印機

البرمجيات

軟體

هاتف

電話

مقبس كهربائي

插座

فاكس

傳真機

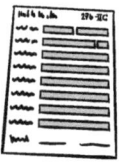

استمارة

表格

وثيقة

檔案

اقتصاد
經濟

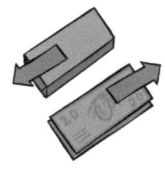

يشتري

買

يدفع

付錢

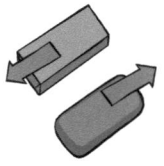

يتاجر

交易

مال

現金

دولار

美元

يورو

歐元

ين

日元

روبل

盧布

فرنك سويسري

瑞士法郎

يوان

人民幣

روبية

盧比

صرّاف آلي

提款處

مكتب صرافة

外幣兌換處

ذهب

金

فضة

銀

نفط

石油

طاقة

能源

سعر

價格

عقد

合約

ضريبة

稅金

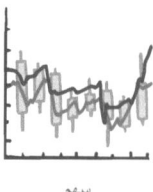

سهم

股票

يعمل

工作

موظف

職員

رب العمل

老闆

مصنع

工廠

متجر

商店

المِهَن
職業

الشرطي
警官
رجل إطفاء
消防員
طبّاخ
廚師
الطبيب
醫師
طيّار
飛行員

بستاني

園丁

نجّار

木匠

خيّاطة

裁縫

قاض

法官

كيميائي

化學家

ممثل

演員

سائق حافلة

公車司機

سائق تاكسي

計程車司機

صياد سمك

漁夫

أجيرة للتنظيف

清洗女工

بنّاء سقف

屋頂工

نادل

服務生

صيّاد

獵人

رسّام

畫家

خباز

麵包師

كهربائي

電工

عامل بناء

建築工人

مهندس

工程師

لحّام

屠夫

سمكري

水管工

ساعي البريد

郵差

جندي

士兵

مهندس معماري

建築師

أمين صندوق

收銀員

بائع الزهور

花農

حلاق

理髮師

مراقب القطار

售票員

ميكانيكي

機械技師

قبطان

船長

طبيب أسنان

牙醫

رجل العلم

科學家

حاخام

拉比

إمام

伊瑪目

راهب

和尚

كاهن

牧師

عدة عمل
工具

مطرقة
鐵錘
كماشة
鉗子
مفك البراغي
螺絲起子
مفتاح ربط
扳手
مصباح يد
手電筒

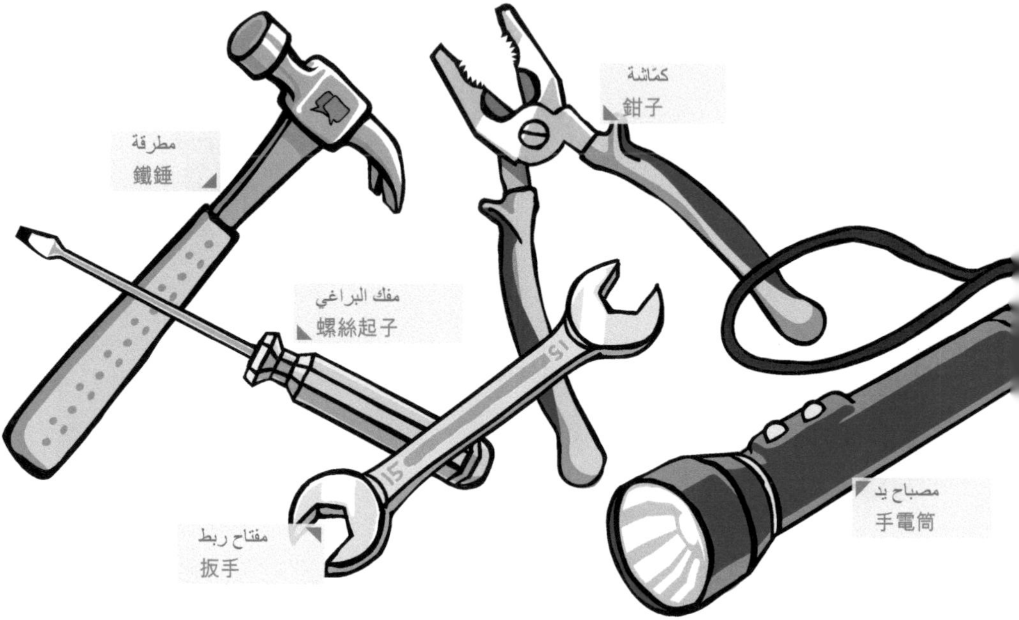

جرافة
挖掘機

صندوق العدة
工具箱

سلم
梯子

منشار
鋸子

مسامير
釘子

مثقب
鑽機

يصلح

修

مجرفة

鏟子

اللعنة

糟糕！

لقاطة الكناسة

畚箕

سطل الألوان

油漆桶

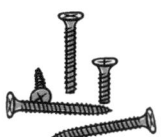

براغي

螺絲

آلات موسيقية
樂器

آلات الإيقاع
打擊樂器

مكبر الصوت
揚聲器

كمان أجهر
低音提琴

بوق
小號

غيتار
吉他

بيانو

鋼琴

كمنجة

小提琴

جهير

貝斯

طبل كبير

定音鼓

طبل

鼓

بيانو كهربائي

電子琴

ساكسوفون

薩克斯風

ناي

長笛

ميكروفون

麥克風

حديقة حيوانات

動物園

مدخل
入口
نمر
老虎
قفص
籠子
حمار الوحش
斑馬
علف للحيوانات
دب باندا
熊貓

حيوانات

動物

فيل

大象

كنغر

袋鼠

وحيد القرن

犀牛

غوريلا

大猩猩

دب

熊

جمل

駱駝

نعامة

鴕鳥

أسد

獅子

قرد

猴子

طائر فلامينغو

紅鶴

ببغاء

鸚鵡

دب قطبي

北極熊

بطريق

企鵝

سمك القرش

鯊魚

طاووس

孔雀

أفعى

蛇

تمساح

鱷魚

حارس في حديقة الحيوان

動物園管理員

عجل البحر

海豹

نمر أمريكي مرقط

美洲豹

فرس قزم
矮種馬

نمر
豹

فرس النهر
河馬

زرافة
長頸鹿

نسر
老鷹

خنزير برّي
野豬

سمك
魚

سلحفاة
龜

حيوان فظ البحري
海象

ثعلب
狐狸

غزال
羚羊

رياضة

體育

كرة القدم الأمريكية
橄欖球
ركوب الدراجات
騎腳踏車
كرة التنس
網球
كرة السلة
籃球
السباحة
游泳
الملاكمة
拳擊
هوكي الجليد
冰球

كرة القدم

美式足球

الريشة الطائرة

羽毛球

ألعاب القوى الخفيفة

田徑

كرة اليد

手球

التزلج على الثلج

滑雪

بولو

馬球

يقفز
跳
يعانق
擁抱
يضحك
笑
يمشي
走路
يغنّي
唱
يحلم
做夢
يصلّي
祈禱
يقبل
親吻

يكتب
書寫

يرسم
畫

يُري
展示

يدفع
推

يعطي
給

يأخذ
拿

يملك

有

يعمل

做

يوجد

當

يقف

站

يركض

跑

يسحب

拉

يرمي

丟

يقع

摔倒

يستلقي

躺

ينتظر

等待

يحمل

攜帶

يجلس

坐

يلبس

穿衣

ينام

睡覺

يستيقظ

醒來

ينظر إلى ..

看

يبكي

哭

يمسّد

擊

يمشّط

梳頭

يتكلم

交談

يفهم

明白

يسأل

問

يسمع

聽

يشرب

喝

يأكل

吃

يرتب

清理

يحب

愛

يطبخ

做飯

يقود

開車

يطير

飛

يبحر بزورق شراعي

航行

يحسب

計算

يقرأ

讀

يتعلم

學習

يعمل

工作

يتزوج

結婚

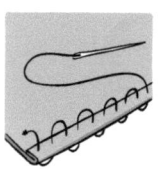

يخيط

縫

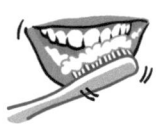

ينظف أسنانه

刷牙

يقتل

殺

يدخن

抽菸

يرسل

寄

عائلة

家

جدّة
祖母
جدّ
祖父
أب
父親
أم
母親
الطفل
嬰兒
ابنة
女兒
ابن
兒子

ضيف

客人

عمّة / خالة

阿姨

عمّ / خال

叔叔

أخ

兄弟

أخت

姐妹

الجسم

身體

الجبين
前額
العين
眼睛
الوجه
臉
الذقن
下巴
الصدر
乳房
الإصبع
手指
اليد
手
الذراع
手臂
الكتف
肩膀
الساق
腿

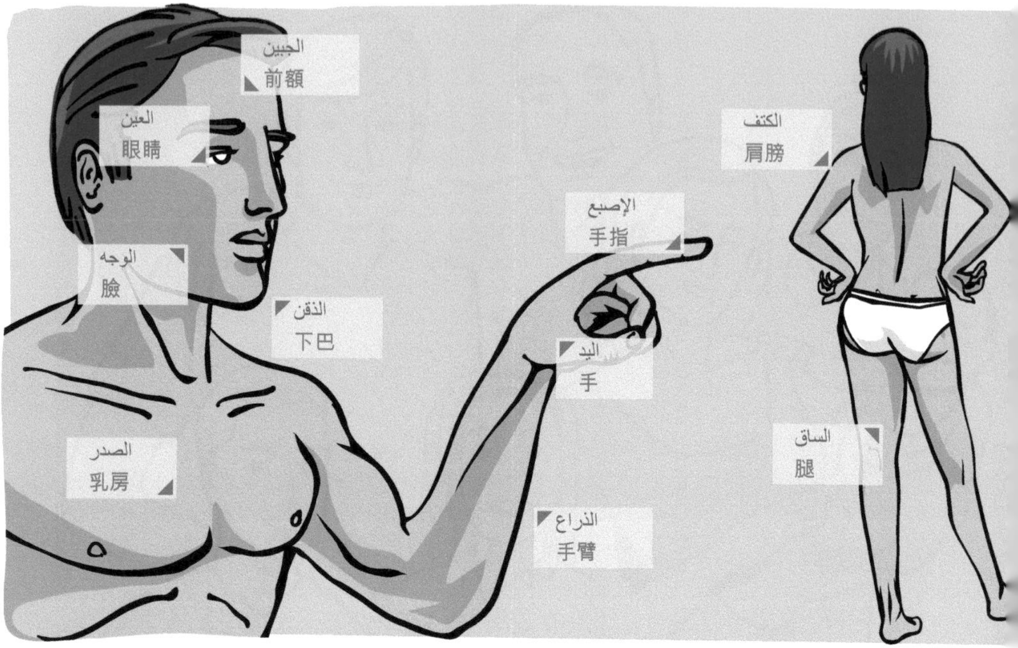

الطفل

嬰兒

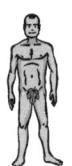

الرجل

男人

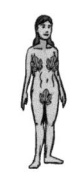

المرأة

女人

البنت

女孩

الولد

男孩

الرأس

頭

الظهر
背部

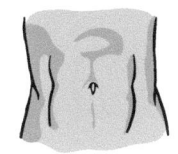

البطن
肚子

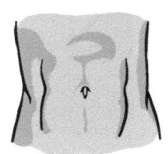

السرّة
肚臍

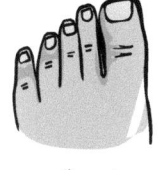

إصبع القدم
腳趾

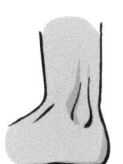

الكعب
腳後跟

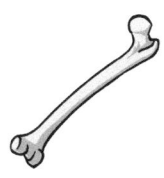

العظم
骨頭

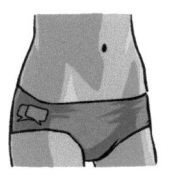

الورك
臀部

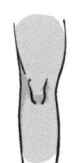

الركبة
膝蓋

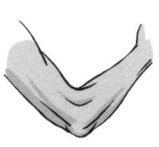

المِرفق
手肘

الأنف
鼻子

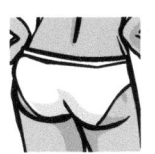

العَجُز
屁股

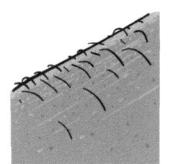

البشرة
皮膚

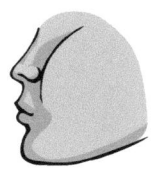

الخد
臉頰

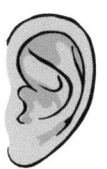

الأذن
耳朵

الشفة
嘴唇

الفم

嘴

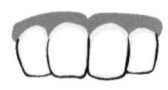

السن

牙齒

اللسان

舌頭

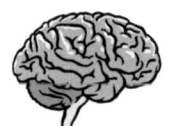

الدماغ

腦

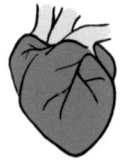

القلب

心臟

العضلة

肌肉

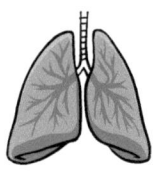

الرئة

肺

الكبد

肝臟

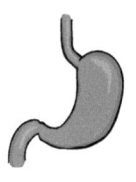

المعدة

胃

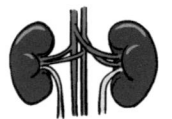

الكِلى

腎臟

الاتصال الجنسي

性交

الواقي المطاطي

保險套

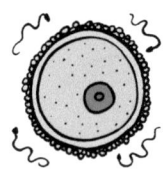

البويضة

卵子

المنيّ

精子

الحمل

懷孕

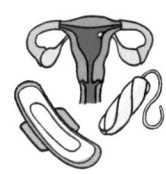

الحيض

月事

المهبل

陰道

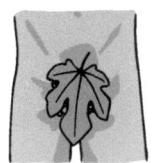

القضيب

陰莖

الحاجب

眉毛

الشعر

頭髮

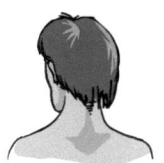

الرقبة

脖子

المستشفى
醫院

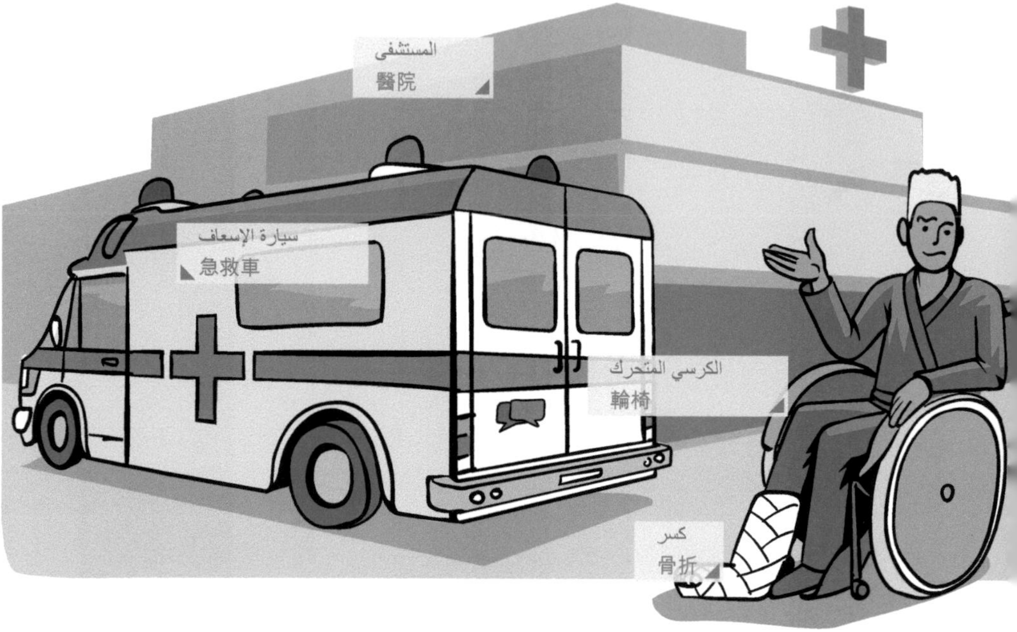

المستشفى
醫院
سيارة الإسعاف
急救車
الكرسي المتحرك
輪椅
كسر
骨折

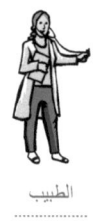

الطبيب

醫師

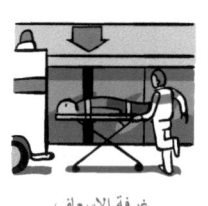

غرفة الإسعاف

急診室

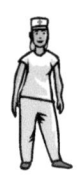

الممرضة

護理師

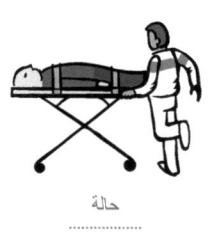

حالة

緊急情形

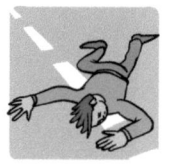

مغمى عليه

昏迷

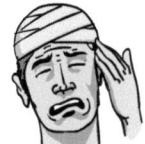

الألم

痛

إصابة

受傷

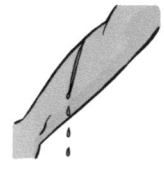

النزيف

出血

احتشاء القلب

心臟病發作

جلطة

中風

حسسية

過敏

السعال

咳嗽

الحُمّى

發燒

إنفلونزا

流感

الإسهال

腹瀉

وجع الرأس

頭痛

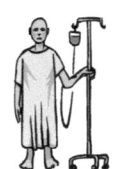

السرطان

癌症

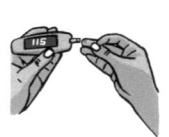

مرض السكر

糖尿病

جرّاح

外科醫師

مبضع

手術刀

عملية

手術

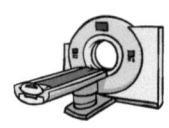

سيتي سكان

電腦斷層掃描

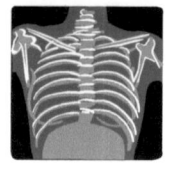

الأشعة السينية

X光

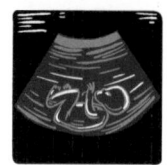

فوق الصوتي

超音波

القناع

口罩

المرض

疾病

غرفة الانتظار

候診室

العُكاز

拐杖

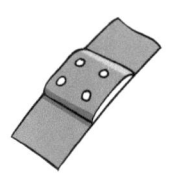

شريط لاصق

石膏

ضماد

繃帶

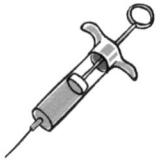

حقنة

注射

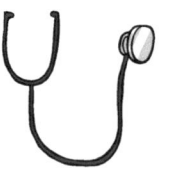

سمّاعة الطبيب

聽診器

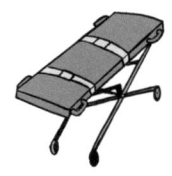

نقالة

擔架

ميزان حرارة

體溫計

ولادة

出生

وزن زائد

超重

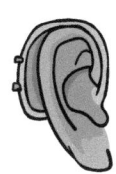

جهاز السمع
助聽器

المواد المعقمة
消毒液

عدوى
感染

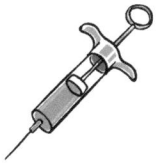

فيروس
病毒

الإيدز
愛滋病

الطب
藥物

اللقاح
接種疫苗

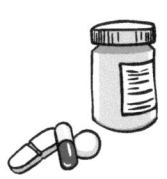

أقراص الدواء
藥片

حبّة الدواء
藥丸

نداء النجدة
急救電話

مقياس ضغط الدم
血壓計

مريض / صحيح
生病/健康

حالة

緊急情形

النجدة!

救命！

إنذار

警報

اعتداء

突擊

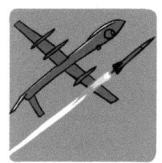

هجوم

攻擊

خطر

危險

مخرج طوارئ

緊急出口

حريق!

失火了！

جهاز الإطفاء

滅火器

حادث

意外

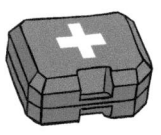

حقيبة الإسعاف الأولي

急救箱

أنقذونا

呼救訊號

الشرطة

員警

أرض
地球

أوروبا

歐洲

أمريكا الشمالية

北美洲

أمريكا الجنوبية

南美洲

أفريقيا

非洲

آسيا

亞洲

أستراليا

澳洲

المحيط الأطلسي

大西洋

المحيط الهادي

太平洋

المحيط الهندي

印度洋

المحيط المتجمد الجنوبي

南冰洋

المحيط المتجمد الشمالي

北冰洋

القطب الشمالي

北極

القطب الجنوبي

南極

منطقة القطب الجنوبي

南極洲

أرض

地球

بر

陸地

بحر

海

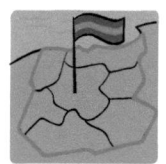

جزيرة

島

أمة

國家

دولة

州

78   أرض - 地球

ساعة

鐘錶

ميناء الساعة

錶盤

عقرب الساعات

時針

عقرب الدقائق

分針

عقرب الثواني

秒針

كم الساعة الآن؟

現在幾點？

يوم

天

زمن

時間

الآن

現在

ساعة رقمية

電子錶

دقيقة

分

ساعة

時

الإثنين
週一

الأربعاء
週三

الجمعة
週五

MO

W

FR

TU

TH

SA

SO

الثلاثاء
週二

السبت
週六

الخميس
週四

الأحد
週日

الأمس

昨天

اليوم

今天

غدا

明天

الصباح

早晨

الظهر

中午

المساء

晚上

أيام العمل

工作日

نهاية الأسبوع

週末

مطر
雨
قوس قزح
彩虹
ريح
風
ثلج
雪
الربيع
春
الصيف
夏
الخريف
秋
الشتاء
冬

التنبّؤ بالحالة الجوية
....
天氣預告

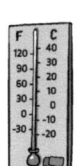

مقياس حرارة
....
溫度計

ضوء الشمس
....
陽光

سحابة
....
雲

ضباب
....
霧

رطوبة الجو
....
潮濕

برق
....
閃電

رعد
....
打雷

عاصفة
....
風暴

بَرَد
....
冰雹

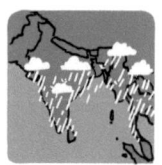

ريح موسمية
....
季風

طوفان
....
洪水

جليد
....
冰

كانون الثاني / يناير
....
一月

شباط / فبراير
....
二月

آذار / مارس
....
三月

نيسان / أبريل
....
四月

أيار / مايو
....
五月

حزيران / يونيو
....
六月

تموز / يوليو
....
七月

آب / أغسطس
....
八月

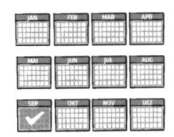

أيلول / سبتمبر

九月

تشرين الأول / أكتوبر

十月

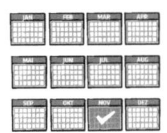

تشرين الثاني / نوفمبر

十一月

كانون الأول / ديسمبر

十二月

أشكال

形狀

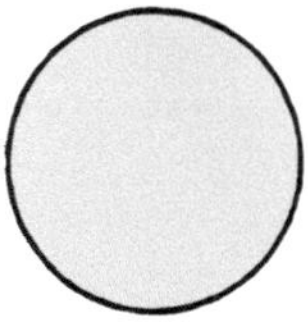

دائرة

圓形

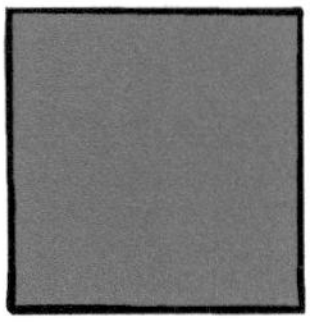

مربّع

正方形

مستطيل

長方形

مثلث

三角形

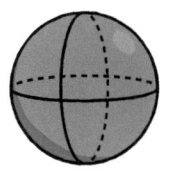

كرة

球體

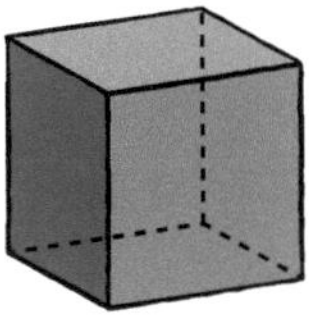

مكعب

立方體

ألوان
顏色

أبيض

白

أصفر

黃

برتقالي

橙

وردي

粉

أحمر

紅

بنفسجي

紫

أزرق

藍

أخضر

綠

بنّي

棕

رمادي

灰

أسود

黑

الأضداد

反義詞

جميل / قبيح

美/醜

غضبان / هادئ

生氣/平靜

كثير / قليل

很多/少許

فاتح / قاتم

明/暗

كبير / صغير

大/小

بداية / نهاية

首/尾

كامل / ناقص

完整/缺失

نظيف / وسخ

乾淨/骯髒

أخ / أخت

兄弟/姐妹

عريض / ضيّق

寬/窄

ميت / حيّ

死/生

نهار / ليل

白天/晚上

صالح للأكل / غير صالح

可食用/非食用

شرّير / لطيف

邪惡/善良

مثير / ممل

興奮/無聊

سمين / نحيف

胖/瘦

أولاً / أخيراً

第一/最後

صديق / عدو

朋友/敵人

مليء / فارغ

滿/空

صلب / ليّن

硬/軟

ثقيل / خفيف

重/輕

جوع / عطش

餓/渴

مريض / صحيح

生病/健康

غير شرعي / شرعي

非法/合法

ذكي / غبي

聰明/愚笨

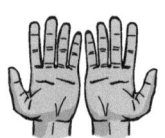

يسار / يمين

左/右

قريب / بعيد

近/遠

جديد / مستعمل

新/舊

لا شيء / بعض الشيء

沒有/有些

مسن / شاب

老/幼

يشعل / يطفئ

開/關

مفتوح / مغلق

打開/闔上

خافت / عالٍ

安靜/吵鬧

غني / فقير

富/窮

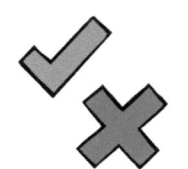

صح / خطأ

對/錯

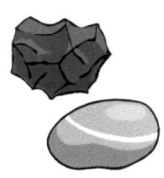

أحرش / املس

粗糙/光滑

حزين / سعيد

傷心/高興

قصير / طويل

短/長

بطيء / سريع

慢/快

مبلول / جاف

濕/乾

ساخن / بارد

溫暖/涼爽

حرب / سلم

戰爭/和平

أرقام
數字

0	1	2
صفر	واحد	اثنان
零	一	二
3	4	5
ثلاثة	أربعة	خمسة
三	四	五
6	7	8
ستة	سبعة	ثمانية
六	七	八
9	10	11
تسعة	عشرة	أحد عشر
九	十	十一

12

اثنا عشر

十二

13

ثلاثة عشر

十三

14

أربعة عشر

十四

15

خمسة عشر

十五

16

ستة عشر

十六

17

سبعة عشر

十七

18

ثمانية عشر

十八

19

تسعة عشر

十九

20

عشرون

二十

100

مائة

百

1.000

ألف

千

1.000.000

مليون

百萬

اللغات
語言

الإنكليزية
英語

الإنكليزية الأمريكية
美式英語

لغة ماندارين الصينية
普通話

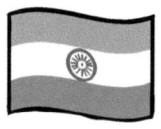

الهندية
印地語

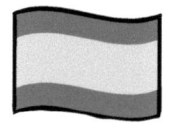

الإسبانية
西班牙語

الفرنسية
法語

العربية
阿拉伯語

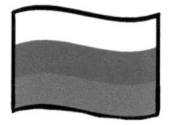

الروسية
俄語

البرتغالية
葡萄牙語

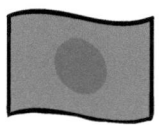

البنغالية
孟加拉語

الألمانية
德語

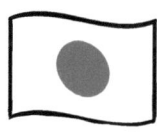

اليابانية
日語

من / ماذا / كيف

誰/什麼/如何

أنا

我

أنت

你

هو / هي

他/她/它

نحن

我們

أنتم

你們

هم

他們

من؟

誰？

ماذا؟

什麼？

كيف؟

如何？

أين؟

何處？

متى؟

何時？

اسم

名字

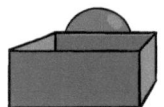

أين
方位

خلف

後面

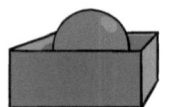

في

裡面

أمام

前面

فوق

上方

على

上面

تحت

下麵

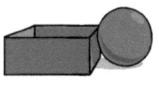

جنب

旁邊

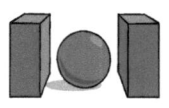

بين

中間

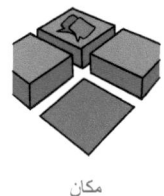

مكان

地點